Gatos persas

Meredith Dash

www.abdopublishing.com

Published by Abdo Kids, a division of ABDO, P.O. Box 398166, Minneapolis, Minnesota 55439.

Copyright © 2015 by Abdo Consulting Group, Inc. International copyrights reserved in all countries. No part of this book may be reproduced in any form without written permission from the publisher.

Printed in the United States of America, North Mankato, Minnesota.

072014

092014

Spanish Translators: Maria Reyes-Wrede, Maria Puchol

Photo Credits: AP Images, Shutterstock, Thinkstock

Production Contributors: Teddy Borth, Jennie Forsberg, Grace Hansen

Design Contributors: Dorothy Toth, Renée LaViolette, Laura Rask

Library of Congress Control Number: 2014938948

Cataloging-in-Publication Data

Dash, Meredith.

[Persian cats. Spanish]

Gatos persas / Meredith Dash.

p. cm. -- (Gatos)

ISBN 978-1-62970-305-3 (lib. bdg.)

Includes bibliographical references and index.

1. Persian cats--Juvenile literature. 2. Spanish language materials—Juvenile literature. I. Title.

636.8--dc23

2014938948

Contenido

El gato persa

El gato persa es bonito. Además tiene una personalidad dulce.

El gato persa tiene pelo largo y **brilloso**. Para que esté **sano** hay que cepillarlo todos los días.

Los gatos persas pueden ser

de muchos colores diferentes.

El gato persa tiene la cara redonda y chata. Su nariz es pequeña.

Los gatos persas tienen orejas pequeñas. Sus ojos son grandes y redondos.

El gato persa tiene patas pequeñas y fuertes. Su cola es corta y peluda.

Los gatos persas no saltan ni trepan. No suben a lugares altos.

Personalidad

Al gato persa le gusta estar en un **ambiente tranquilo**. Sin embargo, también le gustan los niños y los perros.

Al gato persa le encanta tener **compañía**. Le gusta estar cerca de la gente y jugar.

Más datos

- Los gatos persas son una de las razas de gatos más populares en los Estados Unidos.
- El color de ojos del gato persa depende del color de su pelo.
- ¡Los ojos de algunos gatos persas son de dos colores!

Glosario

ambiente – lo que rodea y afecta a los seres vivos.

brilloso – que tiene brillo.

compañía – la presencia de otros.

sano – que tiene buena salud.

tranquilo – sin enojo u otras emociones.

Índice

abdokids.com

¡Usa este código para entrar a abdokids.com y tener acceso a juegos, arte, videos y mucho más!

Código Abdo Kids: CPK0113